Impressum
Verlag: BABADADA GmbH, Nedderfeld 112 , 22529 Hamburg
Geschäftsführer / Verlagsleitung: Harald Hof
Druck: Books on Demand GmbH, In de Tarpen 42, 22848 Norderstedt

Imprint
Publisher: BABADADA GmbH, Nedderfeld 112 , 22529 Hamburg, Germany
Managing Director / Publishing direction: Harald Hof
Print: Books on Demand GmbH, In de Tarpen 42, 22848 Norderstedt, Germany

школа
ysgol

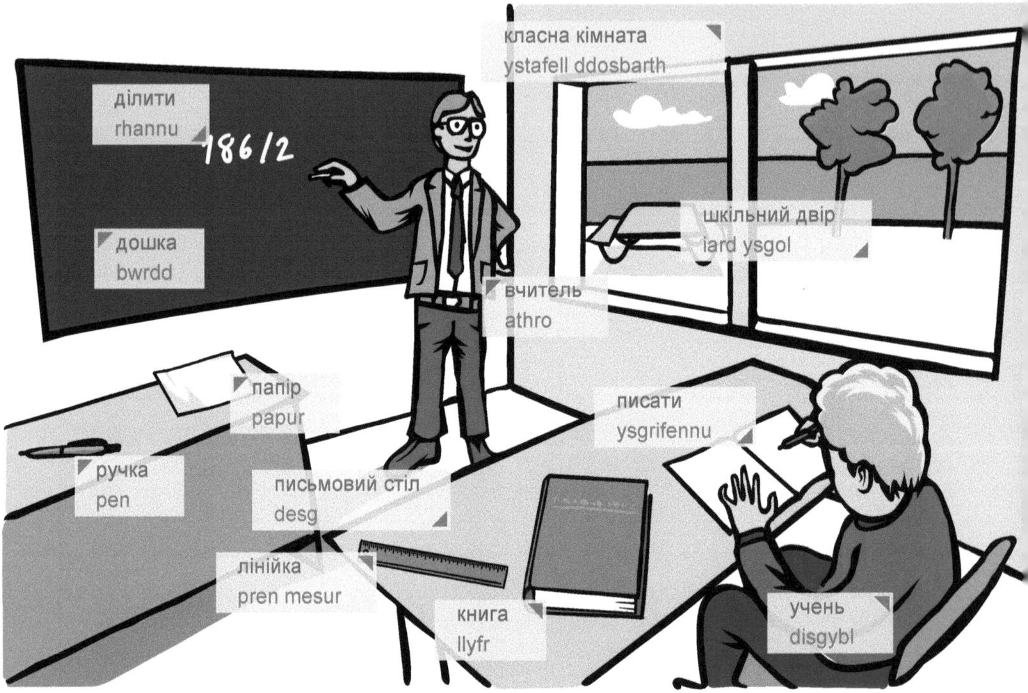

класна кімната
ystafell ddosbarth
ділити
rhannu
186/2
дошка
bwrdd
шкільний двір
iard ysgol
вчитель
athro
папір
papur
писати
ysgrifennu
ручка
pen
письмовий стіл
desg
лінійка
pren mesur
книга
llyfr
учень
disgybl

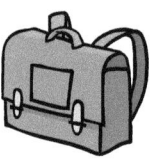

ранець

bag ysgol

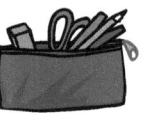

пенал

blwch penseli

олівець

pensil

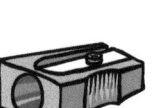

точило

peth rhoi min ar bensil

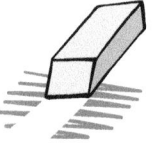

гумка

rwber

альбом для малювання

pad arlunio

малюнок

llun

пензель

brws paent

коробка фарб

blwch paent

ножиці

siswrn

клей

glud

зошит

llyfr ysgrifennu

домашнє завдання

gwaith cartref

число

rhif

додавати

ychwanegu

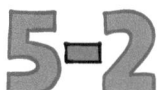

віднімати

tynnu

множити

lluosi

рахувати

cyfrifo

лiтера

llythyren

абетка

gwyddor

слово

gair

текст

testun

читати

darllen

крейда

sialc

година

gwers

класний журнал

cofrestr

екзамен

arholiad

диплом

tystysgrif

шкільна форма

gwisg ysgol

освіта

addysg

лексикон

gwyddoniadur

університет

prifysgol

мікроскоп

microsgop

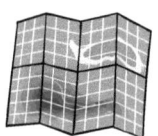

карта

map

кошик для паперу

basged papur gwastraff

подорож
teithio

готель
gwesty
Grand
турбаза
hostel
ROOMS
обмінний пункт
swyddfa gyfnewid
EXCHANGE
валіза
cês dillad
автомобіль
car

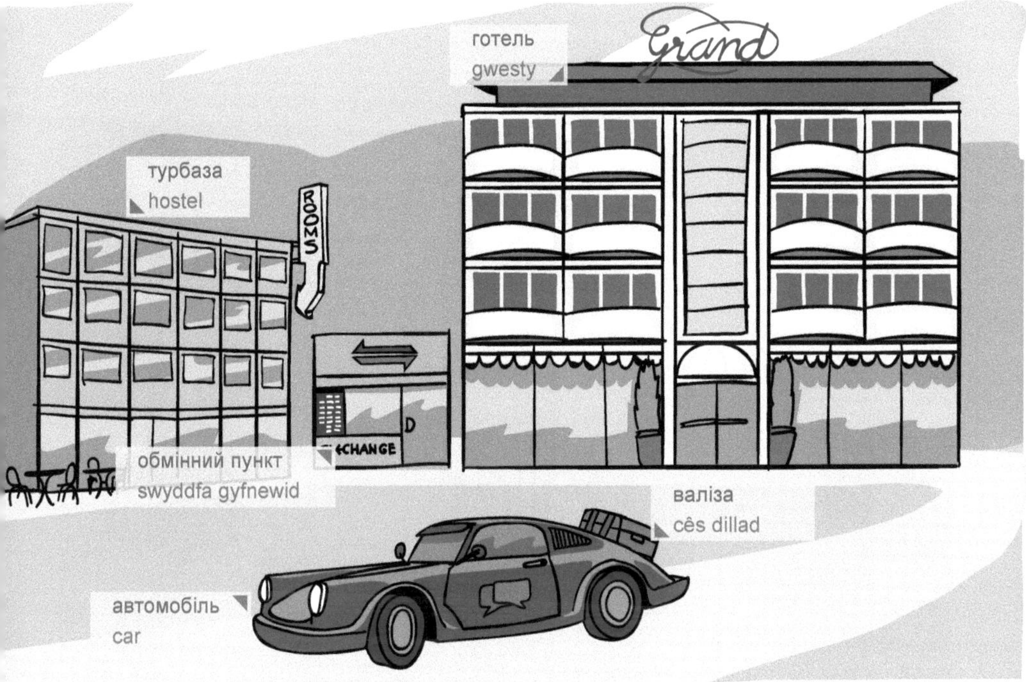

мова
iaith

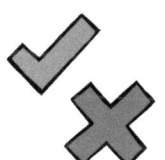

так / ні
ie / na

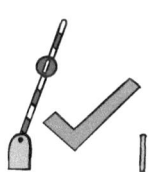

добре
iawn

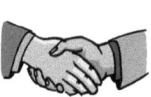

привіт
helo

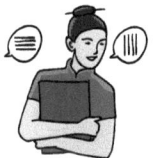

перекладач
cyfieithydd

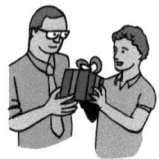

дякую
Diolch yn fawr

Скільки коштує ...?

faint yw ...?

Я не розумію

Dw i ddim yn deall

проблема

problem

Добрий вечір!

Noswaith dda!

Доброго ранку!

Bore da!

На добраніч!

Nos da!

До побачення

hwyl

напрямок

cyfarwyddyd

багаж

bagiau

сумка

bag

рюкзак

gwarbac

гість

gwestai

кімната

ystafell

спальний мішок

sach gysgu

намет

pabell

туристична інформація

gwybodaeth i ymwelwyr

пляж

traeth

кредитна картка

cerdyn credyd

сніданок

brecwast

обід

cinio

вечеря

swper

квиток

tocyn

ліфт

lifft

поштова марка

stamp

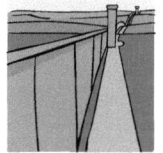

межа

ffin

митниця

tollau

посольство

llysgenhadaeth

віза

fisa

паспорт

pasbort

транспорт
cludiant

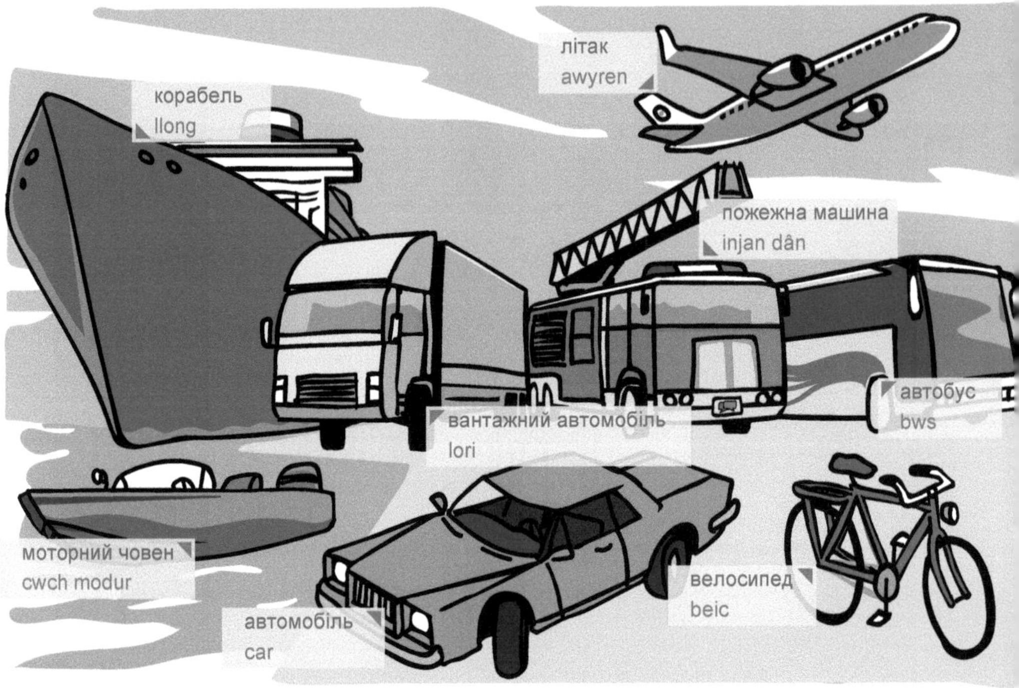

літак
awyren
корабель
llong
пожежна машина
injan dân
автобус
bws
вантажний автомобіль
lori
моторний човен
cwch modur
велосипед
beic
автомобіль
car

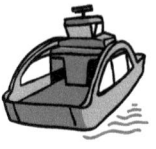

пором
fferi

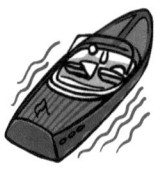

човен
cwch

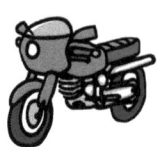

мотоцикл
beic modur

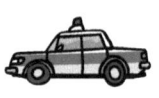

поліцейська машина
car yr heddlu

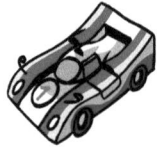

гоночний автомобіль
car rasio

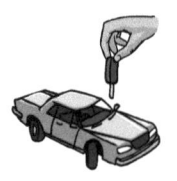

автомобіль на прокат
car wedi'i rentu

спільне користування авто

rhannu car

евакуатор

lori tynnu

сміттєвоз

lori ysbwriel

двигун

modur

паливо

tanwydd

автозаправна станція

gorsaf betrol

дорожній знак

arwydd traffig

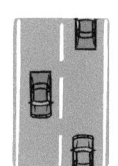

рух

traffig

затор

tagfa draffig

стоянка

maes parcio

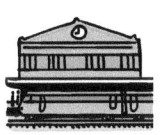

вокзал

gorsaf drennau

рейки

traciau

потяг

trên

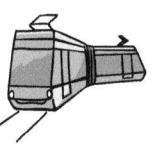

трамвай

tram

вагон

wagen

гелікоптер

hofrennydd

аеропорт

maes awyr

вежа

tŵr

пасажир

teithiwr

контейнер

cynhwysydd

коробка

paced

візок

cert

кошик

basged

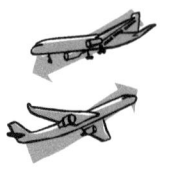

стартувати / приземлятися

esgyn / glanio

місто

dinas

село

pentref

центр міста

canol y ddinas

дім

tŷ

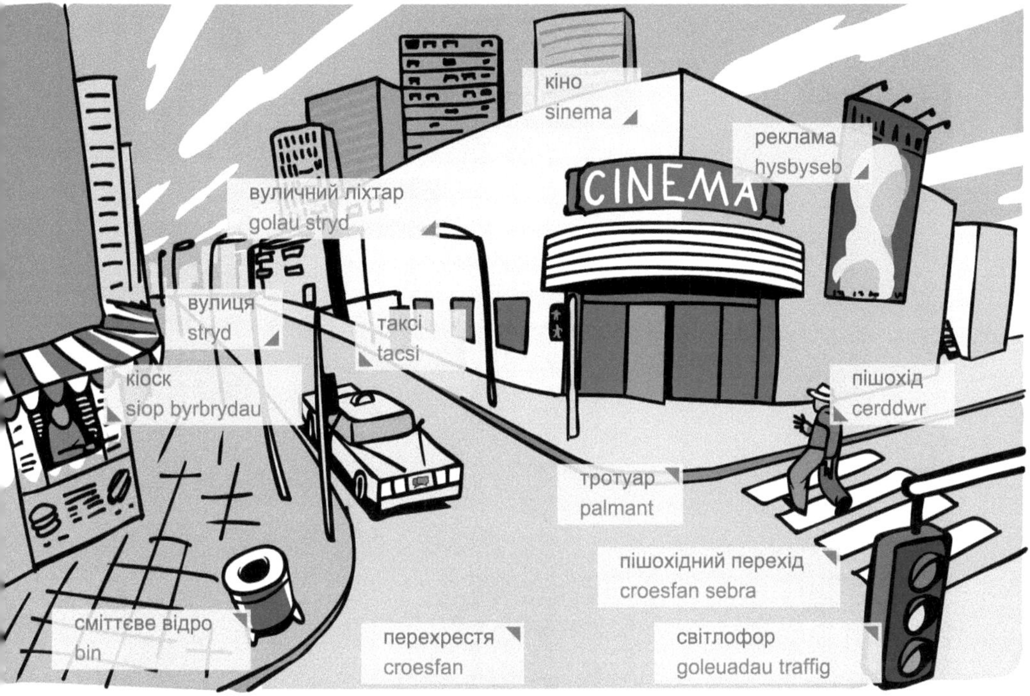

кіно
sinema

реклама
hysbyseb

вуличний ліхтар
golau stryd

CINEMA

вулиця
stryd

таксі
tacsi

кіоск
siop byrbrydau

пішохід
cerddwr

тротуар
palmant

пішохідний перехід
croesfan sebra

сміттєве відро
bin

перехрестя
croesfan

світлофор
goleuadau traffig

хатина

cwt

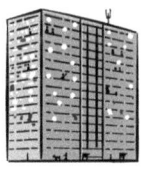

квартира

fflat

вокзал

gorsaf drennau

ратуша

neuadd y dref

музей

amgueddfa

школа

ysgol

університет

prifysgol

банк

banc

лікарня

ysbyty

готель

gwesty

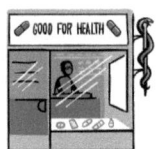

аптека

fferyllfa

офіс

swyddfa

книжковий магазин

siop lyfrau

магазин

siop

квітковий магазин

siop flodau

супермаркет

archfarchnad

ринок

farchnad

універмаг

siop adrannol

торговець рибою

siop bysgod

торговельний центр

canolfan siopa

гавань

harbwr

парк

parc

лава

banc

міст

pont

сходи

grisiau

метро

rheilffordd danddaearol

тунель

twnnel

автобусна зупинка

safle bws

бар

bar

ресторан

bwyty

поштова скринька

blwch post

вулична табличка

arwydd stryd

лічильник паркування

mesurydd parcio

зоопарк

sŵ

басейн

pwll nofio

мечеть

mosg

ферма

fferm

забруднення
навколишнього
середовища
llygredd

кладовище

mynwent

церква

eglwys

дитячий майданчик

maes chwarae

храм

teml

ландшафт
tirwedd

листок
deilen

вказівний стовп
arwydd cyfeirio

шлях
ffordd

луг
dôl

камінь
carreg

дерево
coeden

мандрівник
heiciwr

річка
afon

трава
glaswellt

квітка
blodyn

долина

cwm

гора

bryn

озеро

llyn

ліс

coedwig

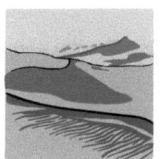

пустеля

anialwch

вулкан

llosgfynydd

замок

castell

веселка

enfys

гриб

madarchen

пальма

palmwydden

комар

mosgito

муха

pryf

мурашка

morgrugyn

бджола

gwenyn

павук

pryf copyn

жук

chwilen

жаба

llyffant

вивірка

gwiwer

їжак

draenog

заєць

ysgyfarnog

сова

tylluan

птах

aderyn

лебідь

alarch

кабан

baedd

олень

carw

лось

elc

гребля

argae

вітряк

tyrbin gwynt

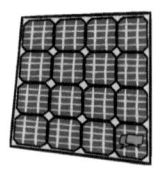

сонячний модуль

panel haul

клімат

hinsawdd

ресторан
bwyty

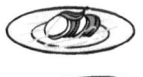

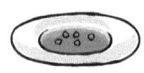

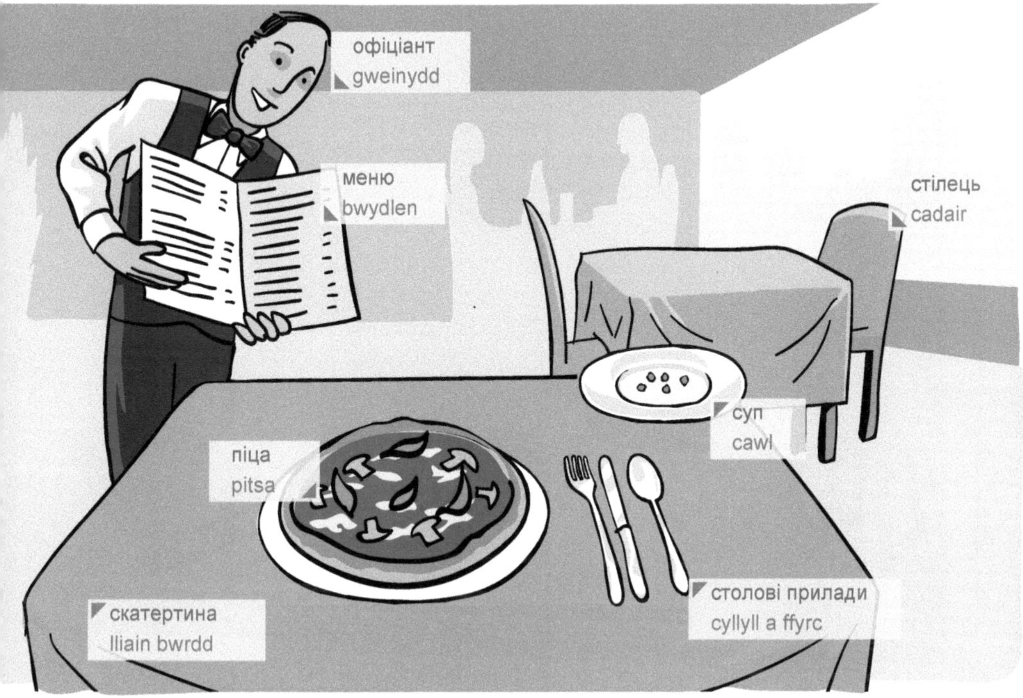

офіціант
gweinydd
меню
bwydlen
стілець
cadair
суп
cawl
піца
pitsa
скатертина
lliain bwrdd
столові прилади
cyllyll a ffyrc

закуска

cwrs cyntaf

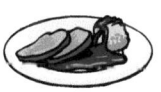

друга страва

prif gwrs

десерт

pwdin

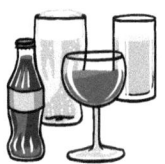

напої

diodydd

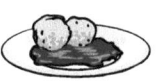

їжа

bwyd

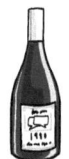

пляшка

potel

фаст-фуд

bwyd cyflym

вулична їжа

bwyd y stryd

чайник

tebot

цукорниця

powlen siwgr

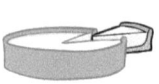

порція

dogn

еспресо-машина

peiriant espresso

високий стільчик

cadair plentyn

рахунок

bil

піднос

hambwrdd

ніж

cyllell

вилка

fforc

ложка

llwy

чайна ложка

llwy de

серветка

napcyn

склянка

gwydr

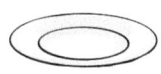

тарілка

plât

тарілка для супу

plât cawl

блюдце

soser

соус

saws

солонка

pot halen

млин для перцю

melin bupur

оцет

finegr

масло

olew

спеції

sbeisys

кетчуп

saws coch

гірчиця

mwstard

майонез

mayonnaise

супермаркет
archfarchnad

пропозиція
cynnig arbennig
FOR
клієнт
cwsmer
молочні продукти
cynnyrch llaeth
фрукти
ffrwythau
візок для покупок
troli

BUTCHERS

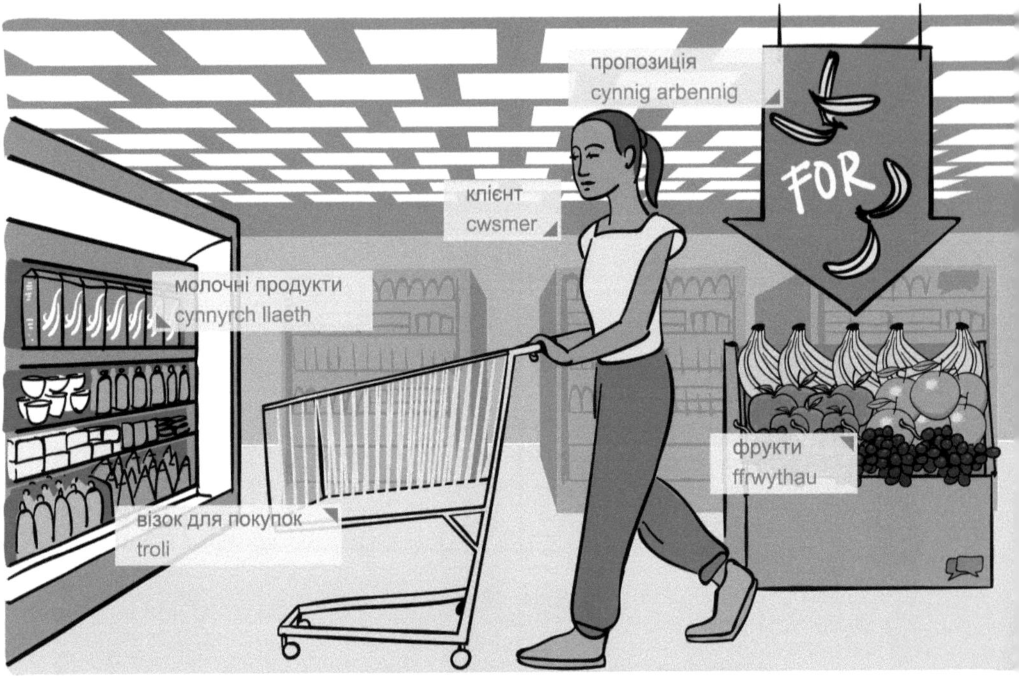

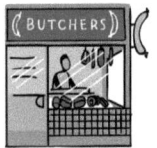

м'ясний магазин

siop gig

BAKERY

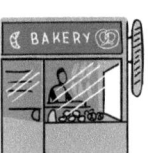

пекарня

siop fara

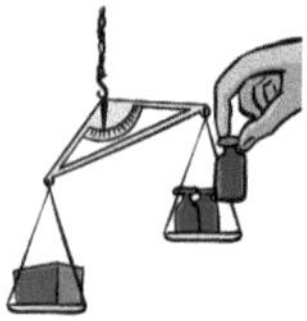

зважувати

pwyso

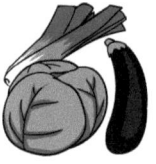

овочі

llysiau

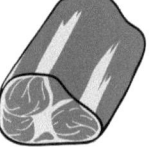

м'ясо

cig

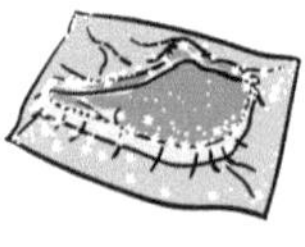

заморожені продукти

Bwyd wedi'i rewi

ковбасна нарізка

cig oer

консерви

bwyd tun

солодощі

da-da

предмети домашнього побуту

cynnyrch cartref

пральний порошок

powdr golchi

мийний засіб

cynhyrchion glanhau

продавщиця

gwerthwraig

каса

til

касир

ariannwr

список покупок

rhestr siopa

часи роботи

oriau agor

гаманець

waled

кредитна картка

cerdyn credyd

сумка

bag

поліетиленовий пакет

bag plastig

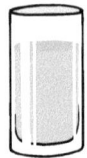

вода

dŵr

сік

sudd

молоко

llefrith

кола

côc

вино

gwin

пиво

cwrw

алкоголь

alcohol

какао

coco

чай

te

кава

coffi

еспресо

espresso

капучіно

cappuccino

банан

ffrwchledd

яблуко

afal

апельсин

oren

кавун

melon

лимон

lemwn

морква

moronen

часник

garlleg

бамбук

bambŵ

цибуля

nionyn

гриб

madarchen

горішки

cnau

локшина

nwdls

спагеті

sbageti

рис

reis

салат

salad

картопля фрі

sglodion

смажена картопля

tatws wedi'u ffrïo

піца

pitsa

гамбургер

hambyrger

бутерброд

brechdan

шніцель

cytled

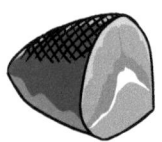

шинка

ham

салямі

salami

ковбаса

selsig

курка

cyw iâr

печеня

rhost

риба

pysgodyn

вівсяні пластівці

ceirch uwd

мюслі

miwsli

кукурудзяні пластівці

creision ŷd

борошно

blawd

круасан

croissant

булочка

bynsen

хліб

bara

тостовий хліб

tost

печиво

bisgedi

масло

menyn

сир

ceuled

пиріг

teisen

яйце

wy

яєчня

wy wedi'i ffrïo

сир

caws

морозиво

hufen iâ

цукор

siwgr

мед

mêl

мармелад

jam

нуга-крем

siocled taenu

карі

cyri

ферма
fferm

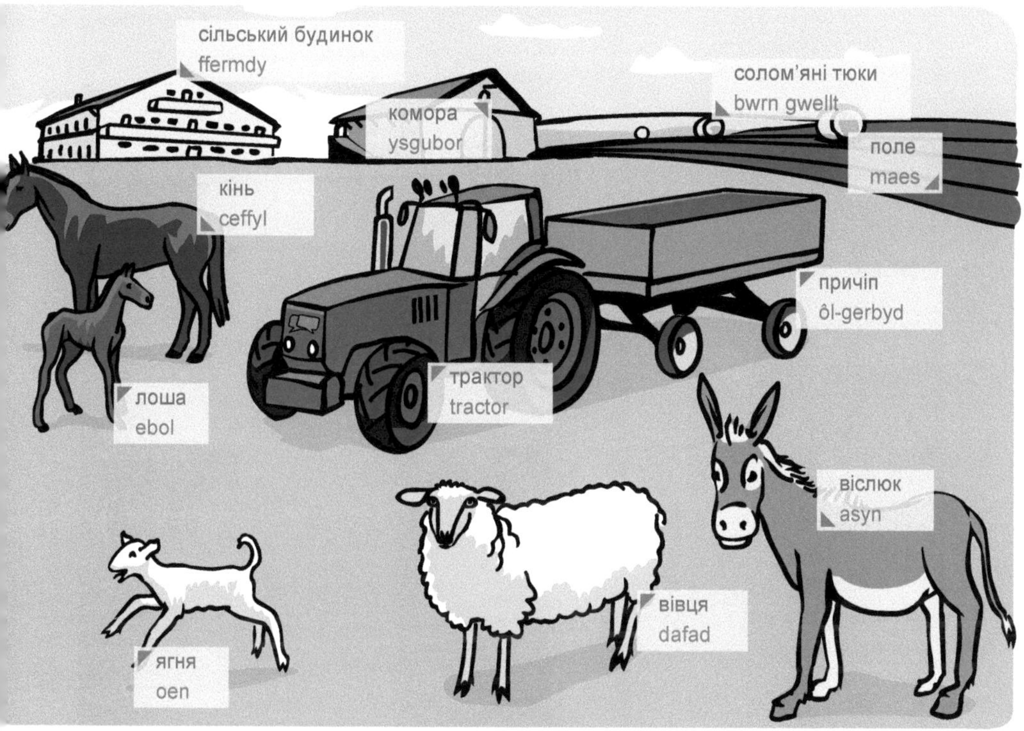
сільський будинок
ffermdy
комора
ysgubor
солом'яні тюки
bwrn gwellt
поле
maes
кінь
ceffyl
причіп
ôl-gerbyd
трактор
tractor
лоша
ebol
віслюк
asyn
вівця
dafad
ягня
oen

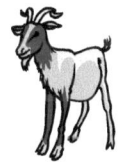

коза

gafr

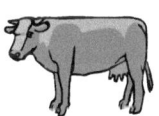

корова

buwch

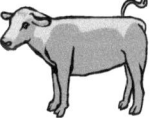

теля

llo

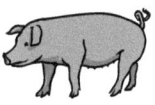

свиня

mochyn

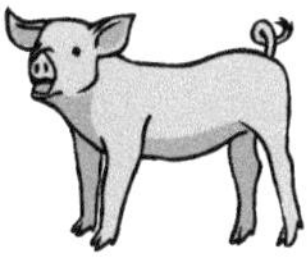

порося

porchell

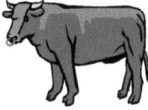

бик

tarw

гусак

gwydd

качка

hwyaden

курча

cyw

курка

iâr

півень

ceiliog

щур

llygoden fawr

кіт

cath

миша

llygoden

віл

ych

собака

ci

собача будка

cwt ci

садовий шланг

pibell ddŵr

лійка

can dŵr

коса

pladur

плуг

aradr

ферма - fferm

серп

cryman

мотика

fforch chwynu

вила

picwarch

сокира

bwyell

тачка

berfa

корито

cafn

бідон молока

tun llefrith

мішок

sach

паркан

ffens

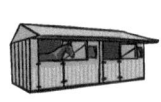

хлів

stabl

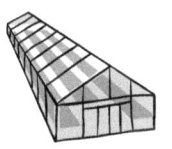

теплиця

tŷ gwydr

ґрунт

pridd

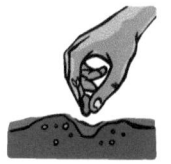

насіння

hedyn

добриво

gwrtaith

комбайн

dyrnwr medi

ферма - fferm

пожинати

cynaeafu

урожай

cynhaeaf

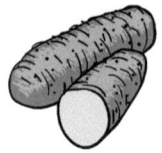

корінь ямсу

iamau

пшениця

gwenith

соя

soi

картопля

tysen

кукурудза

grawn

ріпак

had rêp

плодове дерево

coeden ffrwythau

маніок

manioc

злаки

grawnfwydydd

димохід
simnai

дах
to

водостічний лоток
peipen law

вікно
ffenestr

гараж
garej

дзвінок
cloch y drws

двері
drws

відро для сміття
bin sbwriel

поштова скринька
blwch post

сад
gardd

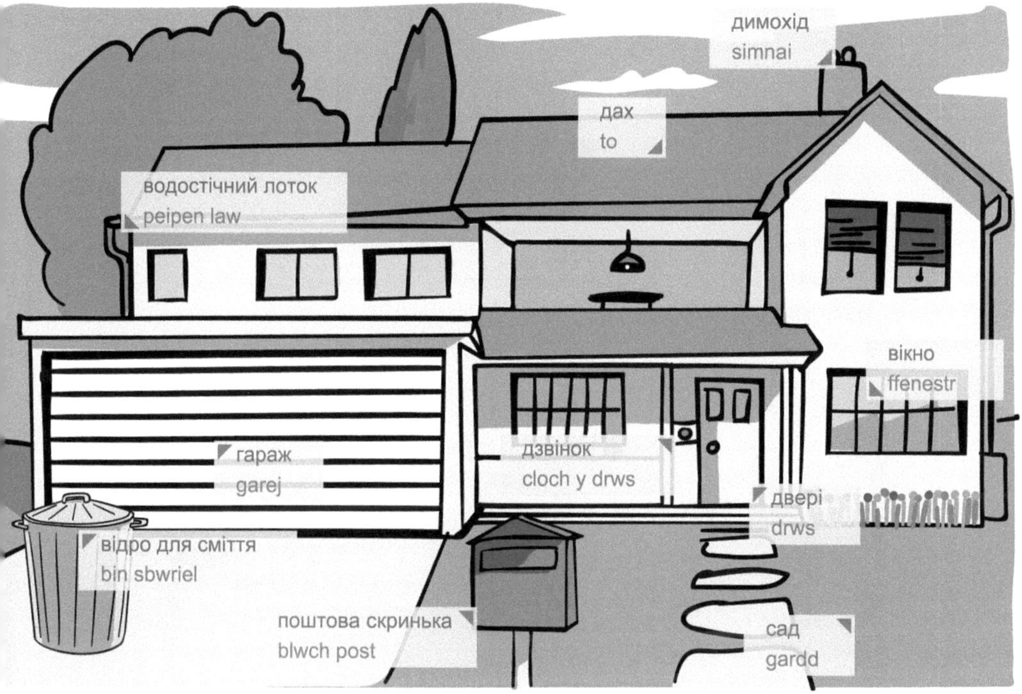

вітальня

lolfa

ванна кімната

ystafell ymolchi

кухня

cegin

спальня

ystafell wely

дитяча кімната

ystafell plentyn

їдальня

ystafell fwyta

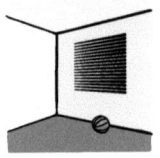

підлога

llawr

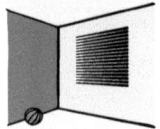

стіна

wal

стеля

nenfwd

підвал

seler

сауна

sawna

балкон

balconi

тераса

teras

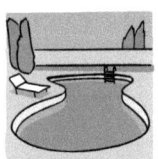

басейн

pwll

косарка

peiriant torri gwair

простирало

taflen

ковдра

gorchudd gwely

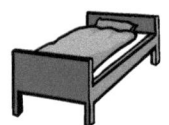

ліжко

gwely

мітла

ysgub

відро

bwced

перемикач

swits

вітальня

lolfa

шпалери
papur wal
малюнок
llun
лампа
lamp
поличка
silff
шафа
cwpwrdd
телевізор
teledu
камін
lle tân
квітка
blodyn
подушка
clustog
диван
soffa
ваза
fâs
пульт
rheolydd o bell

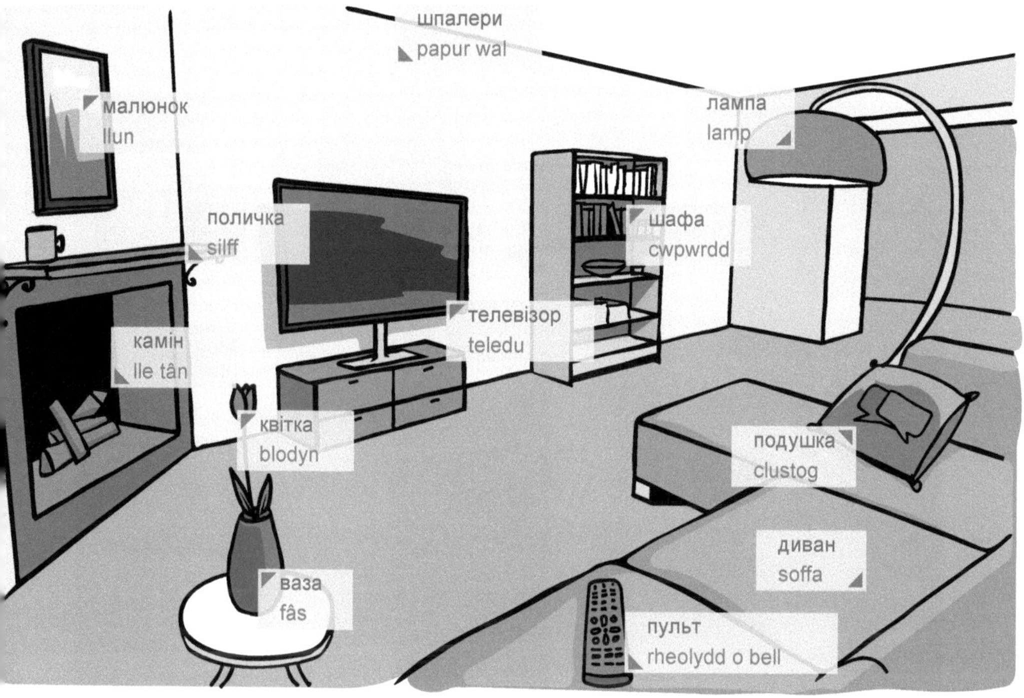

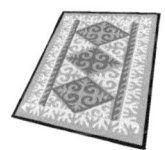

килим

carped

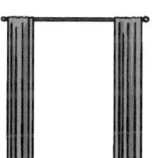

завіса

llen

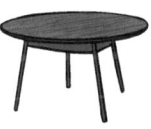

стіл

bwrdd

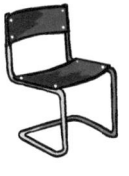

стілець

cadair

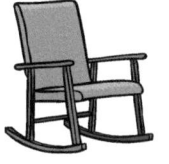

крісло-гойдалка

cadair siglo

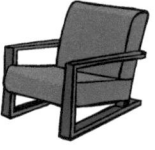

крісло

cadair freichiau

книга

llyfr

ковдра

blanced

прикраса

addurn

дрова

coed tân

фільм

ffilm

стереосистема

hi-fi

ключ

agoriad

газета

papur newydd

картина

darlun

плакат

poster

радіо

radio

блокнот

llyfr nodiadau

пилосос

hwfer

кактус

cactws

свічка

cannwyll

кухня
cegin

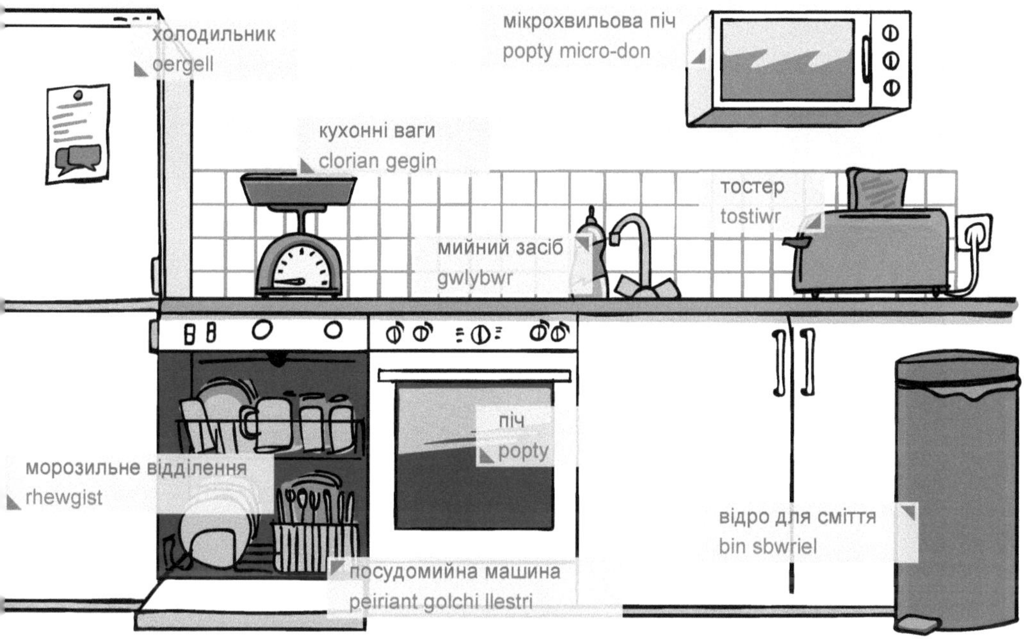

холодильник
oergell
мікрохвильова піч
popty micro-don
кухонні ваги
clorian gegin
тостер
tostiwr
мийний засіб
gwlybwr
піч
popty
морозильне відділення
rhewgist
відро для сміття
bin sbwriel
посудомийна машина
peiriant golchi llestri

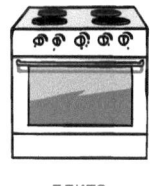

плита

popty

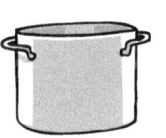

горщик

pot

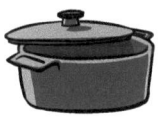

чавунний горщик

pot haearn bwrw

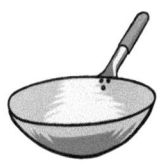

вок / кадай

wok / kadai

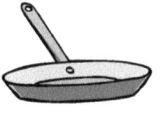

сковорода

padell

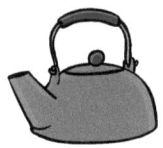

чайник

tegell

пароварка

sosban stemio

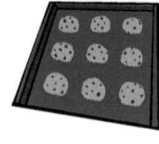

лист

hambwrdd pobi

посуд

llestri

кухоль

mwg

чаша

powlen

палички для їжі

gweill bwyta

черпак

lletwad

лопатка

ysbodol

вінчик для збивання

chwisg

сито

hidlydd

сито

gogr

терка

gratiwr

ступка

morter

барбекю

barbeciw

багаття

tân agored

дошка

bwrdd torri cig

качалка

rholbren

штопор

tynnwr corcyn

конзерва

tun

відкривачка

peth agor tuniau

прихватки

clwt pot

раковина

sinc

щітка

brws

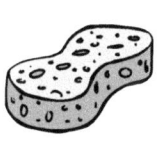

губка

sbwng

міксер

peiriant cymysgu

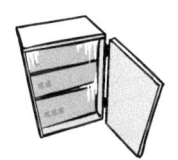

морозильна камера

rhewgell

дитяча пляшка

potel babi

кран

tap

ванна кімната
ystafell ymolchi

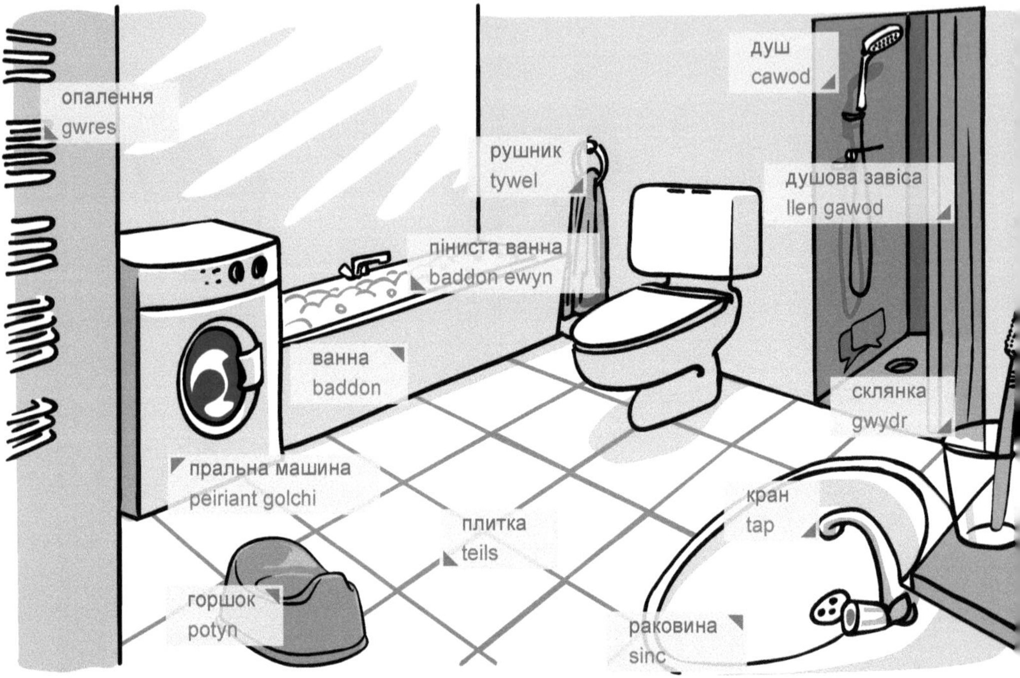

опалення
gwres
душ
cawod
рушник
tywel
душова завіса
llen gawod
платиста ванна
baddon ewyn
ванна
baddon
склянка
gwydr
пральна машина
peiriant golchi
кран
tap
плитка
teils
горщок
potyn
раковина
sinc

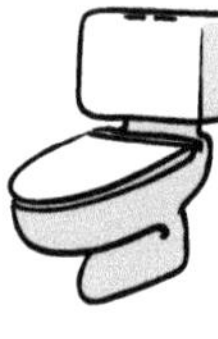

туалет

tŷ bach

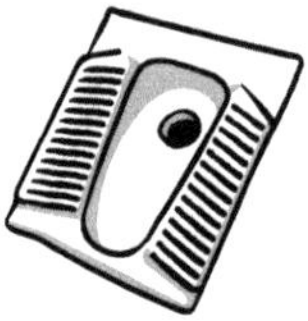

підлоговий туалет

toiled cyrcydu

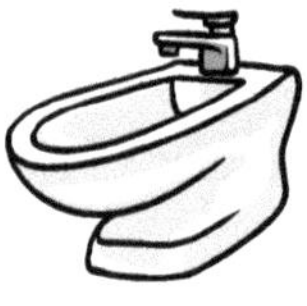

біде

bidet

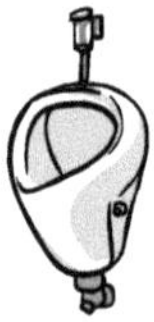

пісуар

troethfa

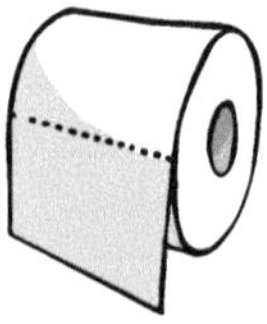

туалетний папір

papur tŷ bach

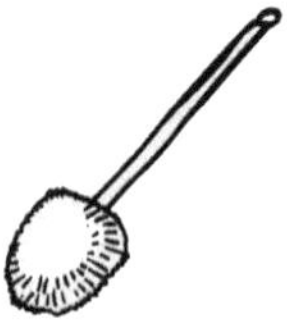

щітка для туалету

brws tŷ bach

зубна щітка

brws dannedd

зубна паста

past dannedd

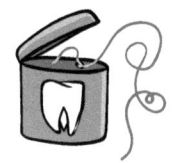

нитка для чищення зубів

edau ddannedd

мити

golchi

ручний душ

cawod llaw

інтимний душ

golchfa

таз

basn

щітка для спини

brws-ôl

мило

sebon

гель для душу

gel cawod

шампунь

siampŵ

мочалка

gwlanen

водостік

ffos

крем

hufen

дезодорант

diaroglydd

дзеркало

drych

косметичне дзеркало

drych llaw

бритва

rasel

піна для гоління

ewyn eillio

лосьйон після гоління

sent eillio

гребінь

crib

щітка

brws

фен

sychwr gwallt

лак для волосся

chwistrell gwallt

косметика

colur

губна помада

minlliw

лак для нігтів

farnais ewinedd

вата

gwlân cotwm

ножиці для нігтів

siswrn ewinedd

парфум

persawr

косметичка

bag ymolchi

табурет

stôl

ваги

clorian

халат

gŵn baddon

гумові рукавички

menig rwber

тампон

tampon

гігієнічні прокладки

tywel misglwyf

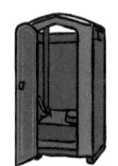

біотуалет

toiled cemegol

дитяча кімната
ystafell plentyn

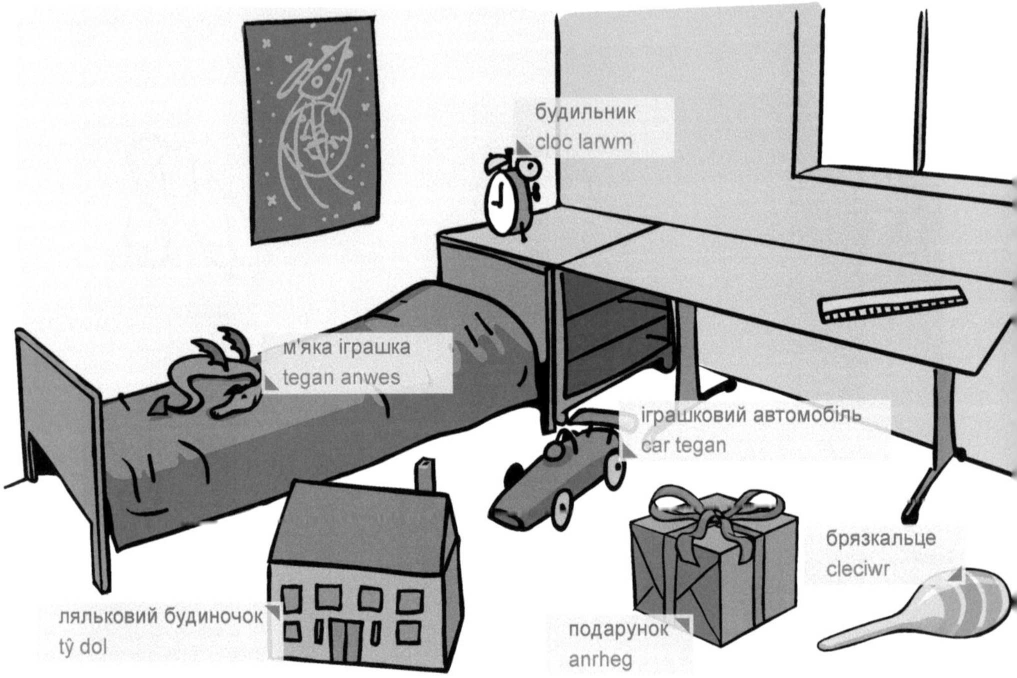

будильник
cloc larwm

м'яка іграшка
tegan anwes

іграшковий автомобіль
car tegan

брязкальце
cleciwr

ляльковий будиночок
tŷ dol

подарунок
anrheg

повітряна кулька

balŵn

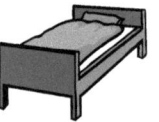

ліжко

gwely

дитячий візок

pram

картярська гра

pecyn o gardiau

пазл

jig-so

комікс

comic

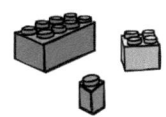

лего цеглинки

brics Lego

блоки

blociau adeiladu

іграшкова фігурка

ffigur gweithredu

повзунки

babygro

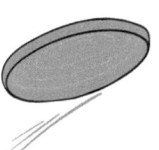

фризбі

ffrisbi

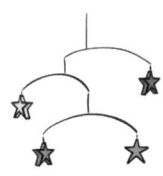

мобіле

ffôn symudol

настільна гра

gêm fwrdd

кубик

deis

модель залізнична станція

set model trên

соска

teth lwgu

вечірка

parti

книжка з картинками

llyfr lluniau

м'яч

pêl

лялька

dol

грати

chwarae

пісочниця

pwll tywod

гойдалка

swing

іграшка

teganau

гральна консоль

consol gemau fideo

триколісний велосипед

beic tair olwyn

плюшевий мішка

tedi

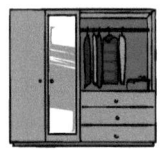

шафа

cwpwrdd dillad

одяг

dillad

шкарпетки

hosanau

панчохи

hosanau

колготки

teits

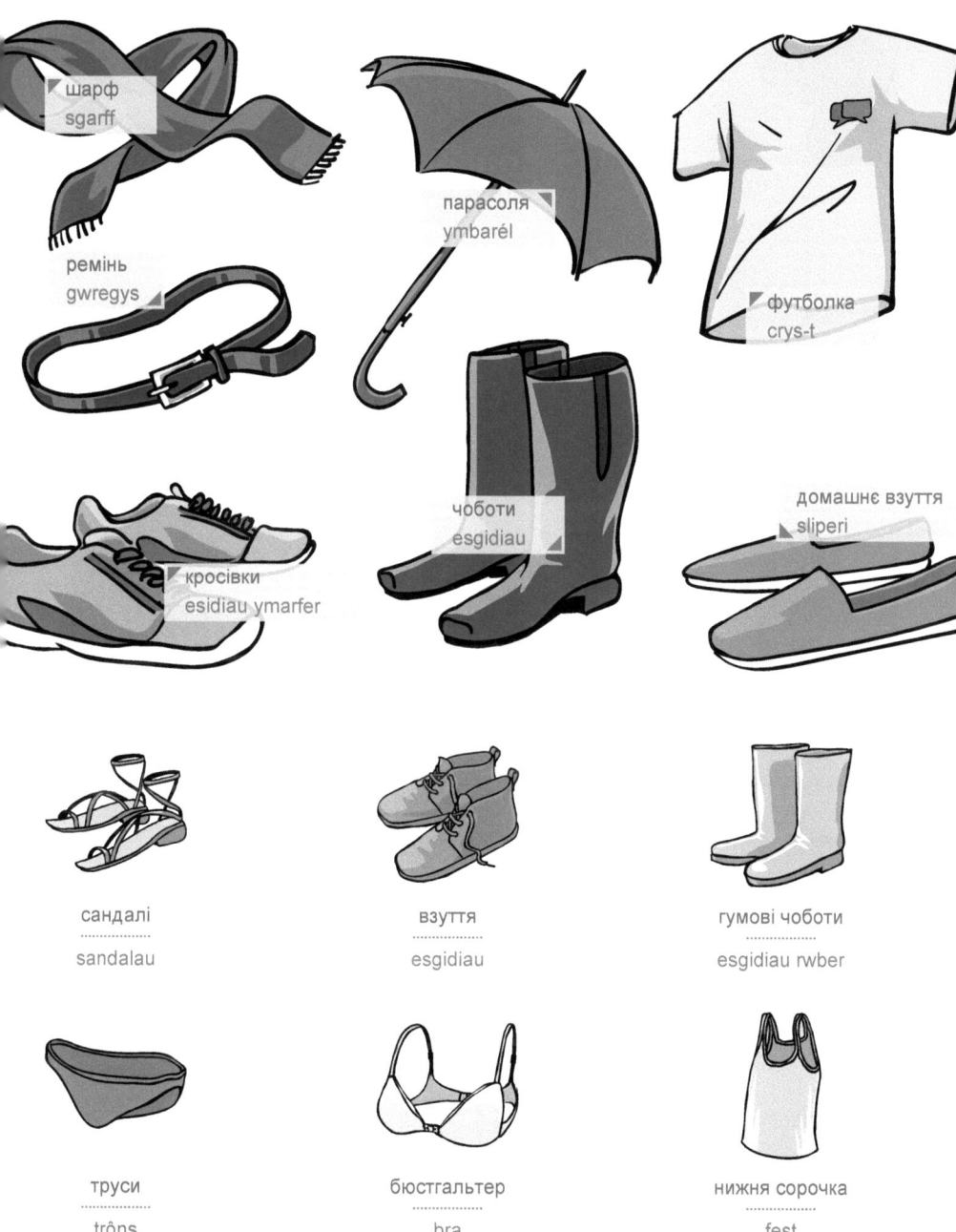

шарф
sgarff

ремінь
gwregys

парасоля
ymbarél

футболка
crys-t

кросівки
esidiau ymarfer

чоботи
esgidiau

домашнє взуття
sliperi

сандалі
sandalau

взуття
esgidiau

гумові чоботи
esgidiau rwber

труси
trôns

бюстгальтер
bra

нижня сорочка
fest

боді

corff

штани

trowsus

джинси

jîns

спідниця

sgert

блузка

blows

сорочка

crys

пуловер

pwlofer

светр

hwdi

піджак

blaser

куртка

siaced

пальто

côt

дощовик

côt law

костюм

gwisg

сукня

gŵn

весільна сукня

gwisg briodas

костюм

siwt

нічна сорочка

gŵn nos

піжама

pyjamas

сарі

sari

головна хустка

sgarff pen

чалма

tyrban

бурка

bwrca

кафтан

cafftan

абая

abaya

купальник

gwisg nofio

плавки

trowsus nofio

шорти

siorts

тренувальний костюм

tracwisg

фартух

ffedog

рукавички

menig

гудзик

botwm

окуляри

sbectol

браслет

breichled

ланцюг

cadwyn

кільце

modrwy

сережка

clustdlws

шапка

cap

плічка

cambren

капелюх

het

краватка

tei

застібка-блискавка

sip

шолом

helmed

підтяжки

fframiau danedd

шкільна форма

gwisg ysgol

уніформа

gwisg

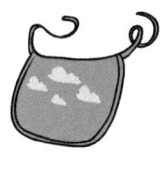

нагрудник

bib

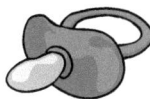

соска

teth lwgu

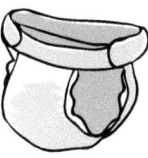

підгузок

cewyn

офіс

swyddfa

сервер
gweinydd
шаф для документів
cwrpwrdd ffeilio
принтер
argraffydd
папір
papur
монітор
monitor
письмовий стіл
desg
миша
llygoden
папка
ffolder
синтезатор
bysellfwrdd
кошик для паперу
basged papur gwastraff
стілець
cadair
комп'ютер
cyfrifiadur

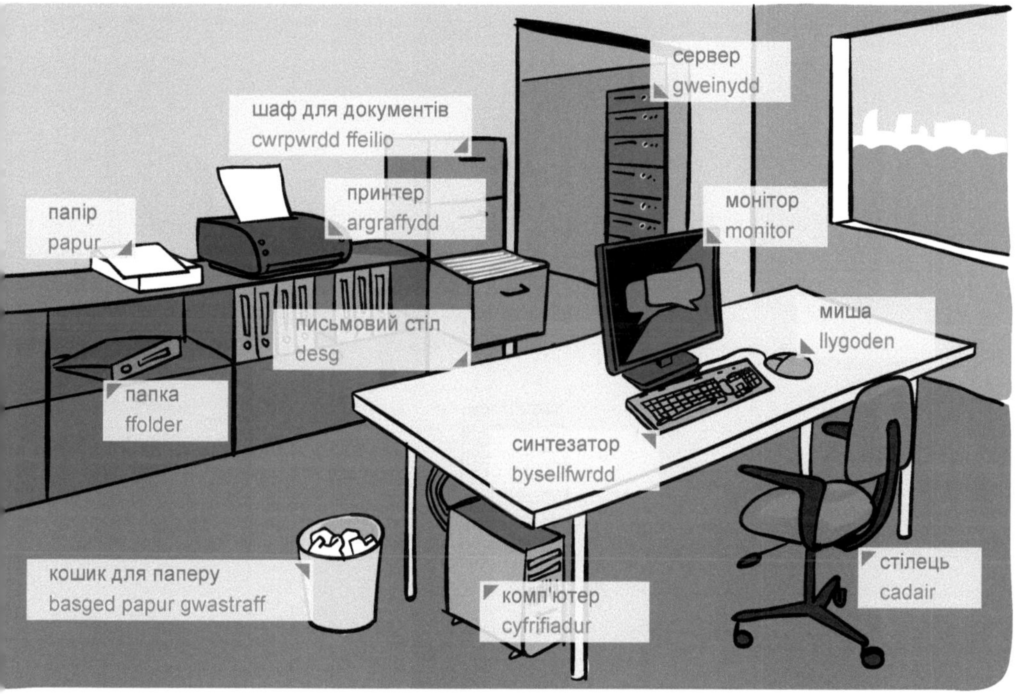

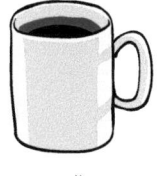

кавовий кухоль

mwg coffi

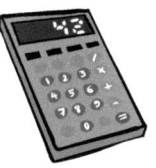

калькулятор

cyfrifiannell

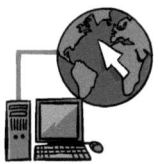

інтернет

rhyngrwyd

ноутбук

gliniadur

лист

llythyr

повідомлення

neges

мобільний телефон

ffôn symudol

мережа

rhwydwaith

копіювальний пристрій

llungopïwr

програмне забезпечення

meddalwedd

телефон

teleffon

розетка

soced plwg

факс

peiriant ffacs

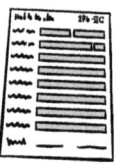

бланк

ffurflen

документ

dogfen

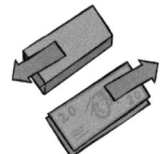

купувати

prynu

платити

talu

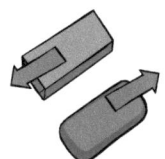

торгувати

masnachu

гроші

arian

USD

долар

doler

EUR

євро

ewro

JPY

ієна

yen

RUB

рубль

rwbl

CHF

франк

ffranc y Swistir

CNY

юанів женьміньбі

yuan renminbi

INR

рупія

rwpi

банкомат

peiriant arian

обмінний пункт

swyddfa gyfnewid

золото

aur

срібло

arian

нафта

olew

енергія

ynni

ціна

pris

контракт

contract

податок

treth

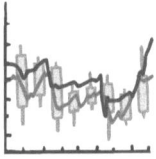

акція

stoc

працювати

gweithio

працівник

cyflogai

роботодавець

cyflogwr

фабрика

ffatri

магазин

siop

економіка - economi

професії
swyddi

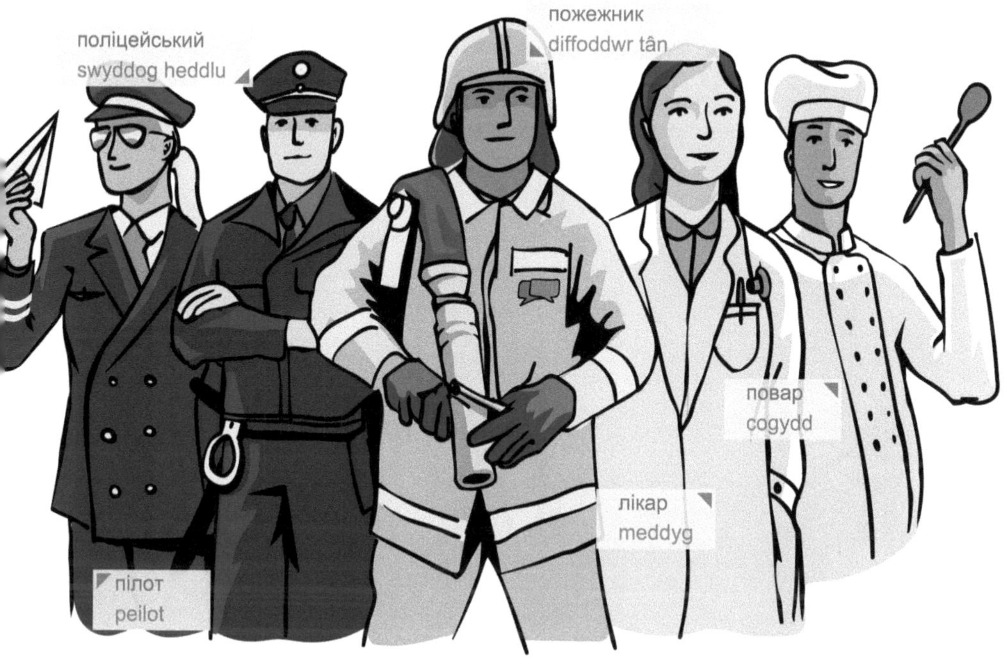
поліцейський
swyddog heddlu
пожежник
diffoddwr tân
повар
cogydd
лікар
meddyg
пілот
peilot

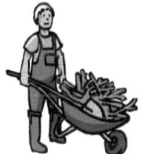

садівник

garddwr

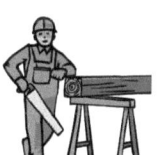

столяр

saer

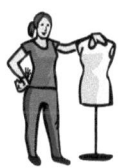

швачка

gwniadwraig

суддя

barnwr

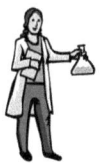

хімік

fferyllydd

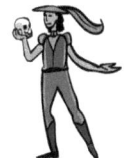

актор

actor

водій автобуса

gyrrwr bws

таксист

gyrrwr tacsi

рибалка

pysgotwr

прибиральниця

glanhawraig

покрівельник

töwr

офіціант

gweinydd

мисливець

heliwr

художник

paentiwr

пекар

pobydd

електрик

trydanwr

будівельник

adeiladwr

інженер

peiriannydd

забійник

cigydd

бляхар

plymiwr

листоноша

dyn y post

солдат

milwr

архітектор

pensaer

касир

ariannwr

флорист

gwerthwr blodau

перукар

triniwr gwallt

кондуктор

archwiliwr tocynnau
rheilffordd

механік

mecanydd

капітан

capten

дантист

deintydd

вчений

gwyddonydd

рабин

rabi

імам

imam

монах

mynach

пастор

clerigwr

інструменти

offer

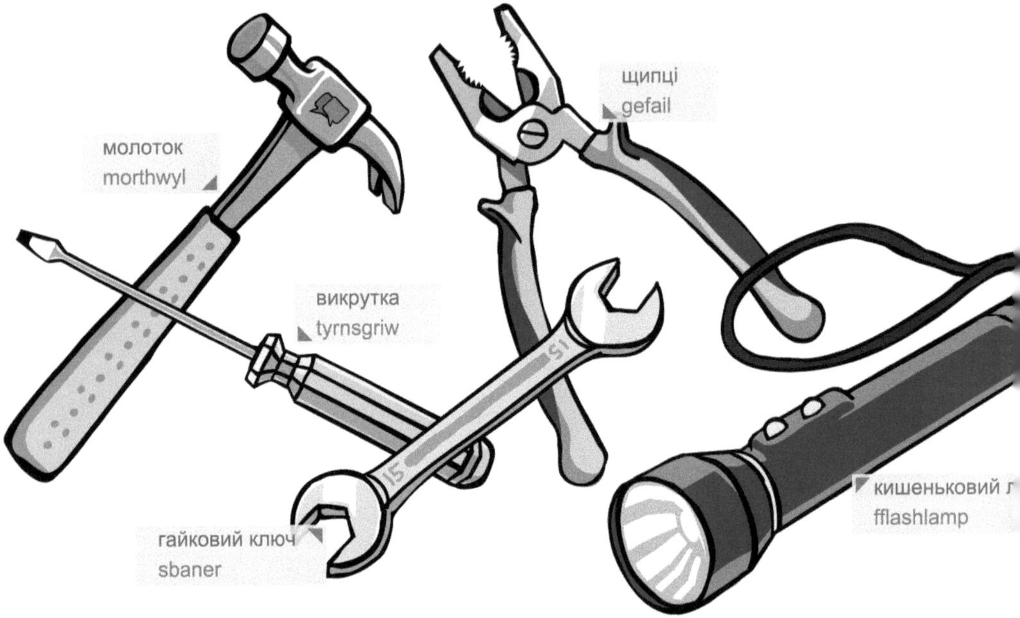

щипці
gefail
молоток
morthwyl
викрутка
tyrnsgriw
кишеньковий л
fflashlamp
гайковий ключ
sbaner

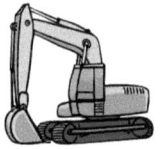

екскаватор

turiwr

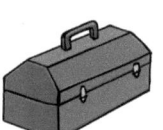

ящик для інструментів

blwch offer

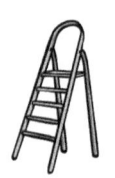

драбина

ysgol

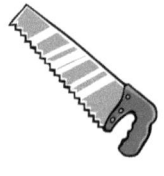

пилка

llif

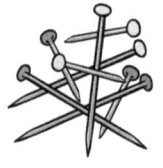

цвяхи

hoelion

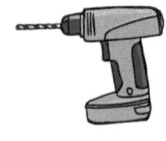

свердло

dril

ремонтувати

trwsio

лопата

rhaw

лайно!

Daria!

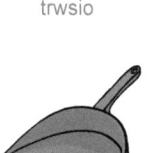

совок

rhaw lwch

відро з фарбою

pot paent

гвинти

sgriwiau

музичні інструменти

offerynnau cerdd

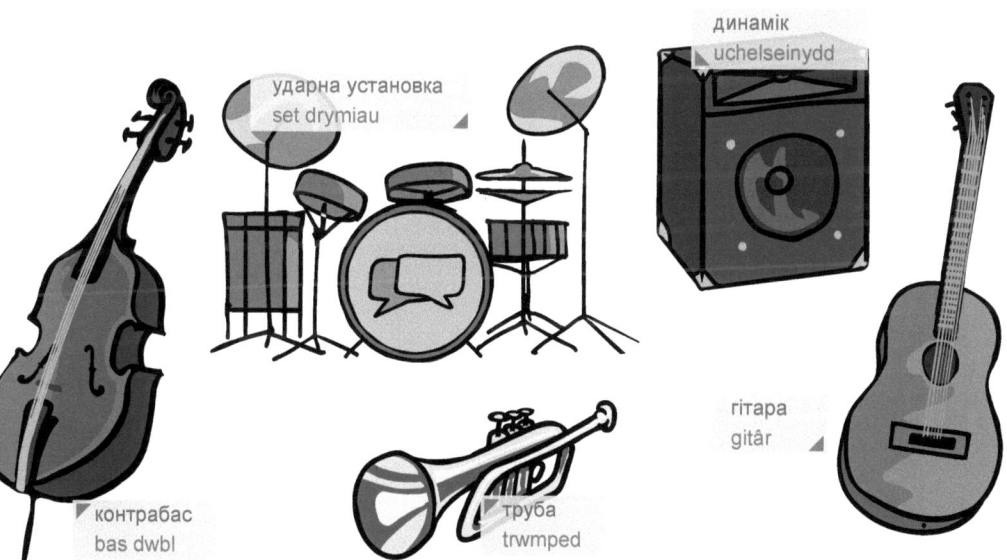

ударна установка
set drymiau

динамік
uchelseinydd

контрабас
bas dwbl

труба
trwmped

гітара
gitâr

фортепіано

piano

скрипка

ffidil

бас

bas

литаври

timpani

барабан

drymiau

клавіатура

cyweirfwrdd

саксофон

sacsoffon

флейта

ffliwt

мікрофон

meicroffon

зоопарк
sŵ

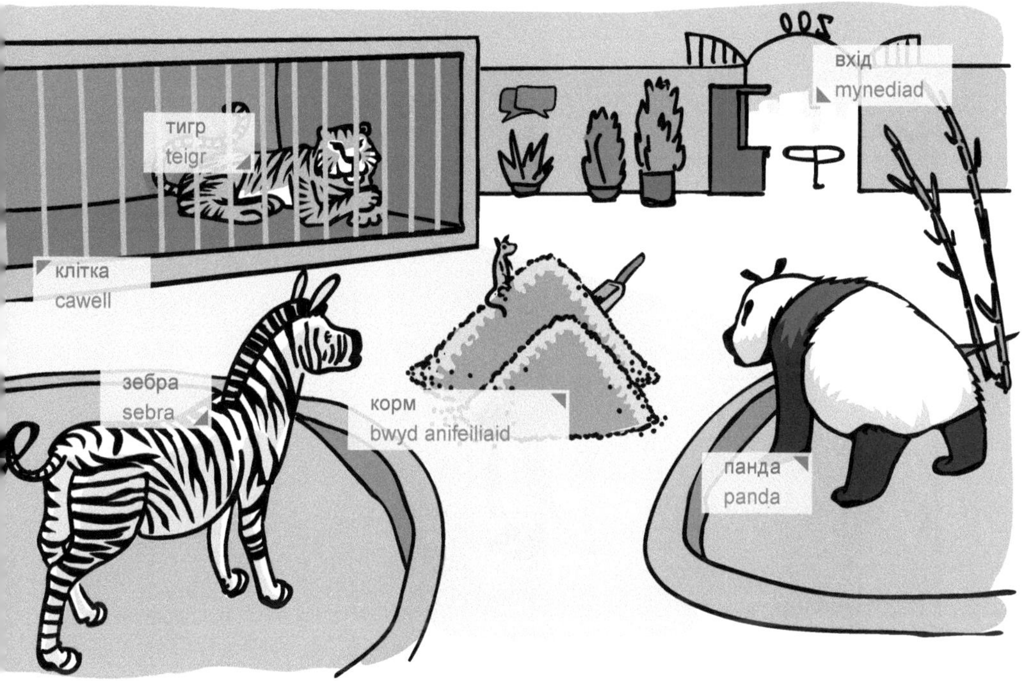

тигр
teigr
вхід
mynediad
клітка
cawell
зебра
sebra
корм
bwyd anifeiliaid
панда
panda

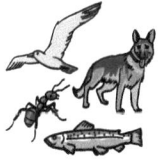

тварини

anifeiliaid

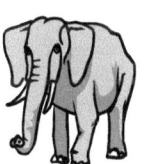

слон

eliffant

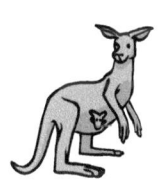

кенгуру

cangarŵ

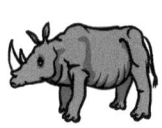

носоріг

rhinoseros

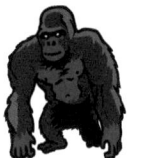

горила

gorila

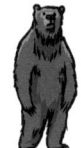

ведмідь

arth

верблюд

camel

страус

estrys

лев

llew

мавпа

mwnci

фламінго

fflamingo

папуга

parot

білий ведмідь

arth wen

пінгвін

pengwin

акула

siarc

павич

paun

змія

neidr

крокодил

crocodeil

працівник зоопарку

gofalwr sŵ

тюлень

morlo

ягуар

jagwar

поні

merlyn

леопард

llewpard

гіпопотам

hipo

жираф

jiráff

орел

eryr

кабан

baedd

риба

pysgodyn

черепаха

crwban

морж

walrws

лисиця

llwynog

газель

gafrewig

американський футбол
pêl-droed America

їзда на велосипеді
beicio

теніс
tennis

баскетбол
pêl-fasged

плавання
nofio

бокс
bocsio

хокей
hoci iâ

футбол
pêl-droed

бадмінтон
badminton

легка атлетика
athletau

гандбол
pêl-law

лижні перегони
sgïo

поло
polo

стрибати
neidio

обіймати
cofleidio

сміятися
chwerthin

йти
cerdded

співати
canu

мріяти
breuddwydio

молитися
gweddio

цілувати
cusanu

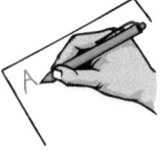

писати
ysgrifennu

малювати
tynnu

показувати
dangos

тиснути
gwthio

давати
rhoi

брати
cymryd

мати

bod gan

робити

gwneud

бути

bod

стояти

sefyll

бігати

rhedeg

тягнути

tynnu

кидати

taflu

падати

disgyn

лежати

gorwedd

очікувати

aros

носити

cario

сидіти

eistedd

одягати

gwisgo amdanoch

спати

cysgu

просипатися

deffro

дивитися

edrych ar

плакати

crïo

гладити

anwesu

розчісувати

cribo

розмовляти

siarad

розуміти

deall

питати

gofyn

слухати

gwrando

пити

yfed

їсти

bwyta

прибирати

tacluso

любити

caru

варити

coginio

їхати

gyrru

літати

hedfan

йти під вітрилом

hwylio

рахувати

cyfrifo

читати

darllen

вчитися

dysgu

працювати

gweithio

одружуватися

priodi

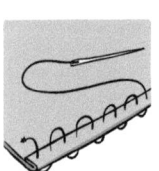

шити

gwnïo

чистити зуби

brwsio dannedd

убивати

lladd

курити

ysmygu

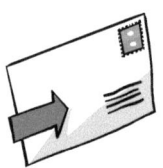

посилати

anfon

бабуся
nain

дідуся
taid

батько
tad

мати
mam

немовля
baban

донька
merch

син
mab

гість

gwestai

тітка

modryb

дядько

ewythr

брат

brawd

сестра

chwaer

тіло

corff

чоло
talcen
око
llygad
плече
ysgwydd
палець
bys
обличчя
wyneb
підборіддя
gên
кисть
llaw
нога
coes
груди
bron
рука
braich

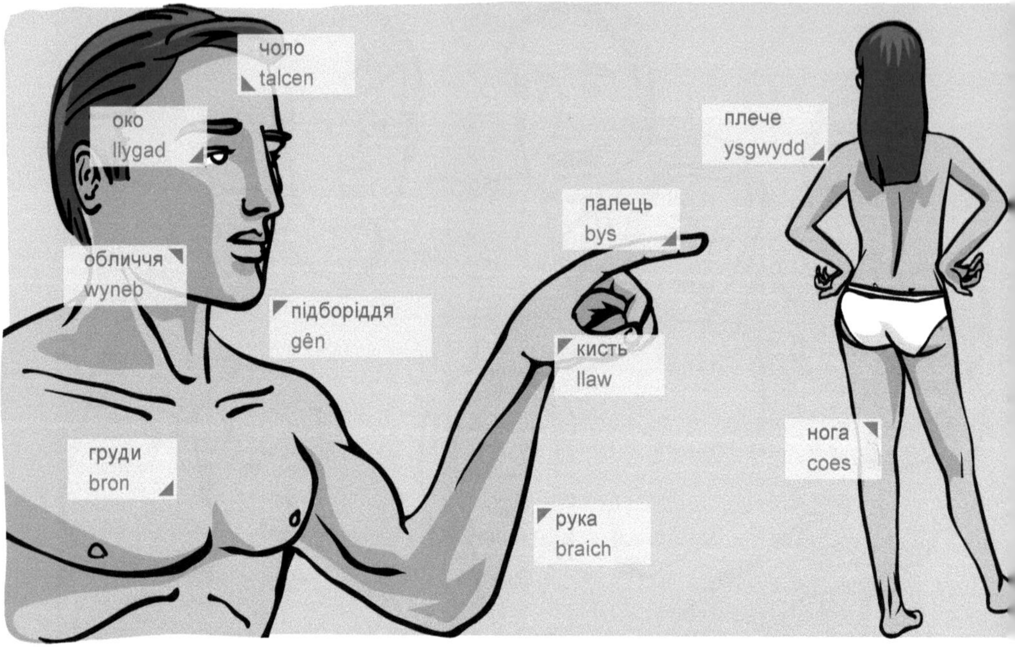

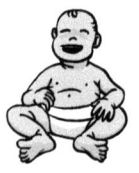

немовля

baban

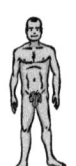

чоловік

dyn

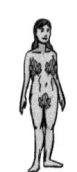

жінка

gwraig

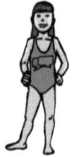

дівчина

geneth

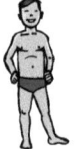

хлопчик

bachgen

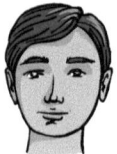

голова

pen

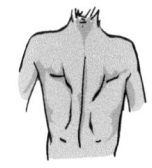

спина

cefn

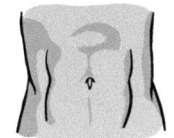

живіт

bel

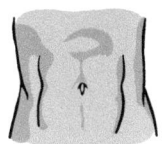

пуп

bogail

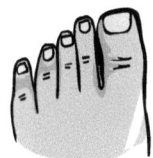

палець ноги

bys troed

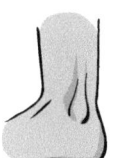

п'ята

sawdl

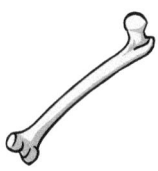

кістка

asgwrn

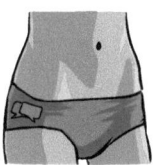

стегно

clun

коліно

pen-glin

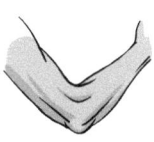

лікоть

penelin

ніс

trwyn

сідниці

pen ôl

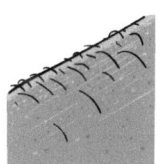

шкіра

croen

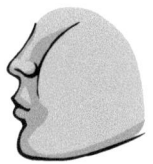

щока

boch

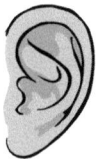

вухо

clust

губа

gwefus

рот

ceg

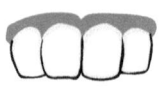

зуб

dant

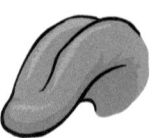

язик

tafod

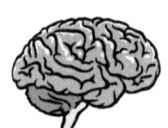

мозок

ymennydd

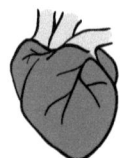

серце

calon

м'яз

cyhyr

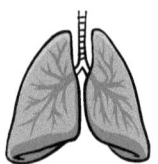

легені

ysgyfaint

печінка

iau

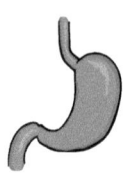

шлунок

stumog

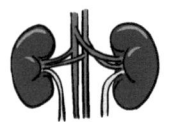

нирки

arennau

статевий акт

rhyw

презерватив

condom

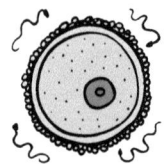

яйцеклітина

ofwm

сперма

semen

вагітність

beichiogrwydd

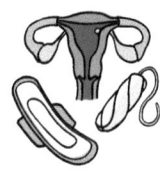

менструація
mislif

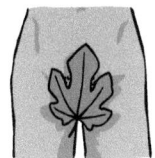

вагіна
fagina

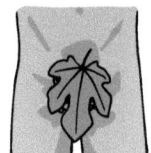

пеніс
pidyn

брова
ael

волосся
gwallt

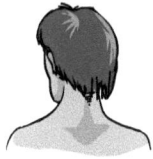

шия
gwddf

лікарня
ysbyty

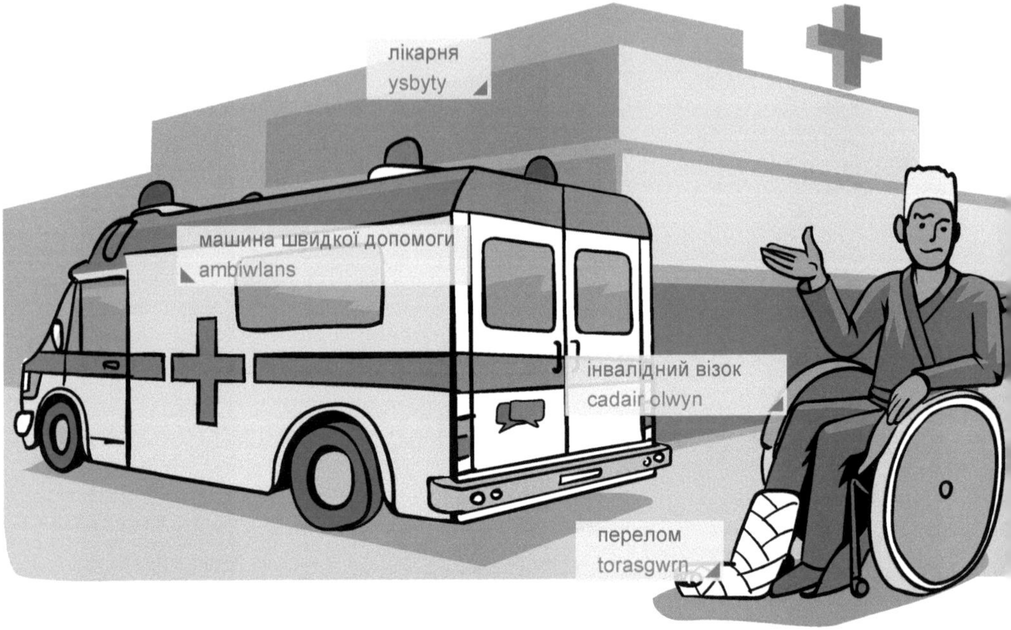

лікарня
ysbyty
машина швидкої допомоги
ambiwlans
інвалідний візок
cadair olwyn
перелом
torasgwrn

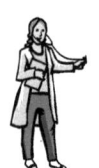

лікарня
meddyg

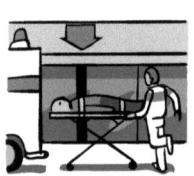

відділення швидкої медичної допомоги
ystafell argyfwng

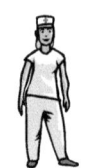

медсестра
nyrs

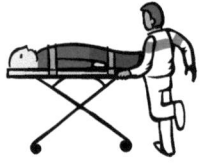

аварійний випадок
argyfwng

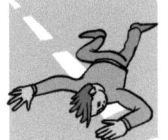

непритомний
anymwybodol

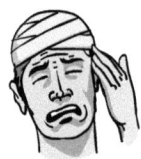

біль
poen

травма

anaf

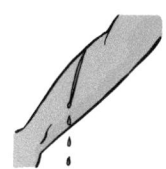

кровотеча

gwaedu

інфаркт

trawiad ar y galon

інсульт

strôc

алергія

alergedd

кашель

peswch

лихоманка

twymyn

грип

ffliw

пронос

dolur rhydd

головна біль

cur pen

рак

canser

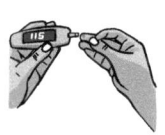

діабет

diabetes

хірург

llawfeddyg

скальпель

fflaim

операція

gweithrediad

КТ

CT

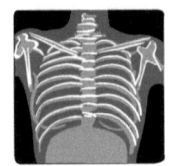

рентген

pelydr-x

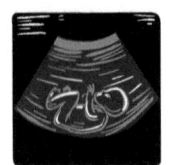

ультразвук

uwchsain

маска

mwgwd wyneb

хвороба

clefyd

зал очікування

ystafell aros

милиця

bagl

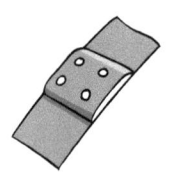

пластир

plastr

пов'язка

rhwymyn

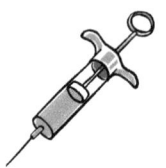

ін'єкція

pigiad

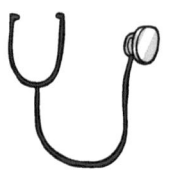

стетоскоп

stethosgop

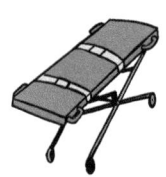

ноші

elorwely

термометр

thermomedr clinigol

народження

genedigaeth

надмірна вага

dros bwysau

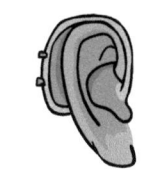

слуховий апарат

cymorth clyw

дезінфікуючий засіб

diheintydd

інфекція

haint

вірус

firws

ВІЛ / СНІД

HIV / AIDS

медицина

meddygaeth

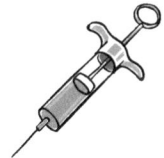

вакцинація

brechiad

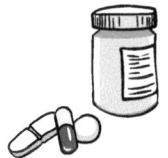

таблетки

tabledi

протизаплідна пігулка

y bilsen

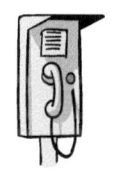

екстрений виклик

galwad frys

тонометр

monitor pwysau gwaed

хворий / здоровий

yn sâl / yn iach

Допоможіть!

Help!

сигнал тривоги

larwm

напад

ymosodiad

атака

ymosodiad

небезпека

perygl

аварійний вихід

allanfa argyfwng

Вогонь!

Tân!

вогнегасник

diffoddwr tân

аварія

damwain

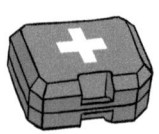

аптечка

pecyn cymorth cyntaf

СОС

SOS

поліція

heddlu

Європа

Ewrop

Північна Америка

Gogledd America

Південна Америка

De America

Африка

Affrica

Азія

Asia

Австралія

Awstralia

Атлантика

Iwerydd

Тихий океан

у Môr Tawel

Індійський океан

Cefnfor yr India

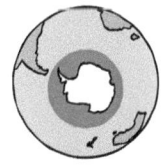

Антарктичний океан

Cefnfor yr Antarctig

Північний Льодовитий
океан

Cefnfor yr Arctig

Північний полюс

Pegwn y Gogledd

Південний полюс

Pegwn y De

Антарктика

Antarctica

Земля

y Ddaear

суша

tir

море

môr

острів

ynys

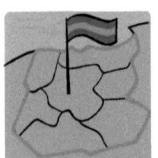

нація

cenedl

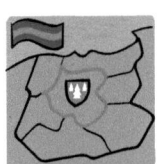

держава

gwladwriaeth

циферблат

wyneb cloc

годинникова стрілка

bys awr

хвилинна стрілка

bys munud

секундна стрілка

bys eiliad

Котра година?

Faint o'r gloch yw hi?

день

dydd

час

amser

зараз

yn awr

цифровий годинник

cloc digidol

хвилина

munud

година

awr

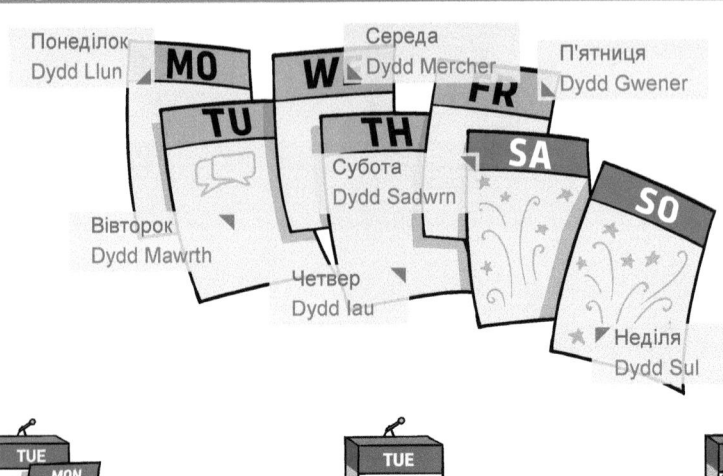

Понеділок
Dydd Llun

Середа
Dydd Mercher

П'ятниця
Dydd Gwener

Вівторок
Dydd Mawrth

Четвер
Dydd Iau

Субота
Dydd Sadwrn

Неділя
Dydd Sul

вчора

ddoe

сьогодні

heddiw

завтра

yfory

ранок

bore

опівдні

canol dydd

вечір

noswaith

робочі дні

diwrnodiau busnes

кінець робочого тижня

penwythnos

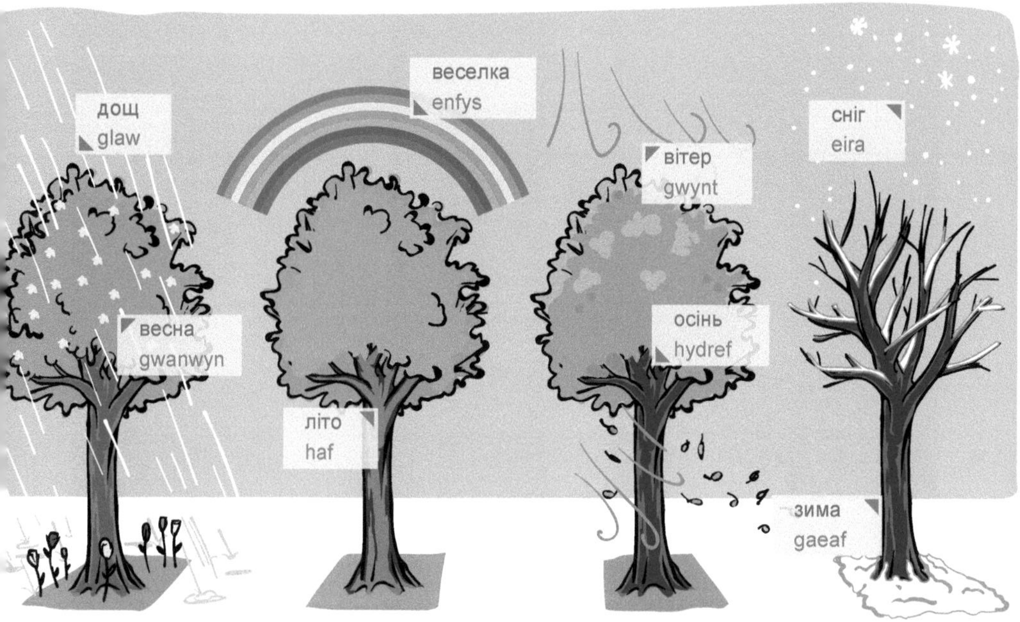
дощ
glaw
веселка
enfys
вітер
gwynt
сніг
eira
весна
gwanwyn
осінь
hydref
літо
haf
зима
gaeaf

4.APRIL 11°
5.APRIL 4°
6.APRIL 13°
7.APRIL 8°
8.APRIL 10°

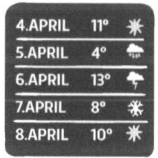

прогноз погоди

rhagolygon y tywydd

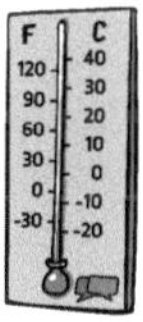
F C
120 40
90 30
60 20
30 10
0 0
-30 -10
-20

термометр

thermomedr

сонячне світло

heulwen

хмара

cwmwl

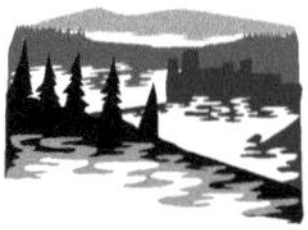

туман

niwl tew

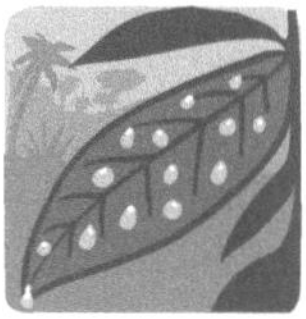

вологість повітря

lleithder

блискавка

mellt

грім

taranau

шторм

storm

град

cenllysg

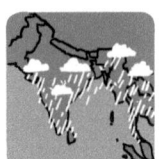

мусон

monsŵn

повінь

llif

лід

iâ

Січень

Ionawr

Лютий

Chwefror

Березень

Mawrth

Квітень

Ebrill

Травень

Mai

Червень

Mehefin

Липень

Gorffennaf

Серпень

Awst

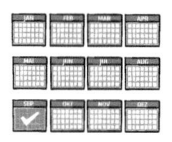

Вересень
....
Medi

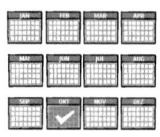

Жовтень
....
Hydref

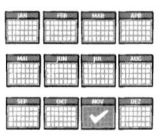

Листопад
....
Tachwedd

Грудень
....
Rhagfyr

форми
siapiau

круг
....
cylch

квадрат
....
sgwâr

прямокутник
....
petryal

трикутник
....
triongl

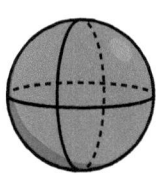

куля
....
sffêr

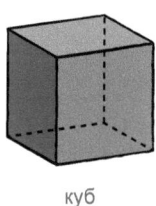

куб
....
ciwb

білий

gwyn

жовтий

melyn

помаранчевий

oren

рожевий

pinc

червоний

coch

фіолетовий

porffor

синій

glas

зелений

gwyrdd

коричневий

brown

сірий

llwyd

чорний

du

багато / мало

llawer / ychydig

лютий / мирний

dig / tawel

гарний / бридкий

hardd / hyll

початок / кінець

dechrau / diwedd

великий / малий

mawr / bach

світлий / темний

llachar / tywyll

брат / сестра

brawd / chwaer

чистий / брудний

glân / budr

завершений / незавершений
gyflawn / anghyflawn

день / ніч

dydd / nos

мертвий / живий

farw / yn fyw

широкий / вузький

eang / cul

їстівний / неїстівний

bwytadwy / anfwytadwy

злий / дружній

drwg / caredig

збуджений / нудьгуючий

llawn cyffro / diflasu

товстий / тонкий

tew / tenau

спочатку / востаннє

cyntaf / olaf

друг / ворог

cyfaill / gelyn

повний / порожній

llawn / gwag

жорсткий / м'який

caled / meddal

важкий / легкий

trwm / ysgafn

голод / спрага

wedi newynnu / yn sychedig

хворий / здоровий

yn sâl / yn iach

незаконний / законний

anghyfreithlon / cyfreithiol

розумний / дурний

deallus / twp

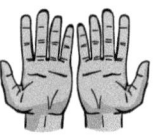

вліво / вправо

chwith / dde

поруч / далеко

agos / pell

новий / використаний

ewydd / wedi'i ddefnyddio

нічого / щось

dim / rhywbeth

старий / молодий

hen / ifanc

вкл / викл

ymlaen / i ffwrdd

відкрито / закрито

ar agor / ar gau

тихо / гучно

tawel / uchel

багатий / бідний

cyfoethog / tlawd

правильно / неправильно

cywir / anghywir

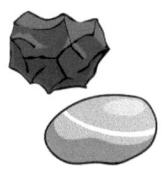

шорсткий / гладкий

garw / llyfn

сумний / щасливий

trist / hapus

короткий / довгий

byr / hir

повільно / швидко

araf / cyflym

вологий / сухий

gwlyb / sych

гарячий / холодний

cynnes / claear

війна / мир

rhyfel / heddwch

протилежності - cyferbyniadau

0

нуль

sero

1

один

un

2

два

dau

3

три

tri

4

чотири

pedwar

5

п'ять

pump

6

шість

chwech

7

сім

saith

8

вісім

wyth

9

дев'ять

naw

10

десять

deg

11

одинадцять

un deg un

12

дванадцять

un deg dau

13

тринадцять

un deg tri

14

чотирнадцять

un deg pedwar

15

п'ятнадцять

un deg pump

16

шістнадцять

un deg chwech

17

сімнадцять

un deg saith

18

вісімнадцять

un deg wyth

19

дев'ятнадцять

un deg naw

20

двадцять

dau ddeg

100

сто

cant

1.000

тисяча

mil

1.000.000

мільйон

miliwn

англійська

Saesneg

американська англійська

Saesneg America

китайська
високочиновницька

Tsieinëeg Mandarin

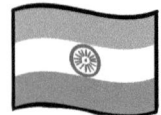

хінді

Hindi

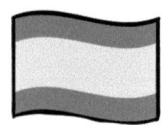

іспанська

Sbaonog

французька

Ffrangog

арабська

Arabeg

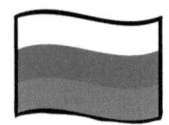

російська

Rwseg

португальська

Portiwgaleg

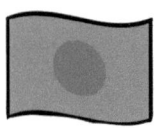

бенгальська

Bengali

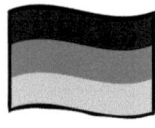

німецька

Almaeneg

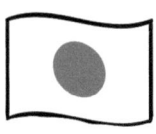

японська

Siapanaeg

я
fi

ти
ti

він / вона / воно
ef / hi

ми
ni

ви
chi

вони
nhw

хто?
pwy?

що?
beth?

як?
sut?

де?
ble?

коли?
pryd?

ім'я
enw

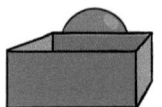

ззаду

y tu ôl i

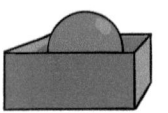

в

yn / yng / ym / mewn

перед

o flaen

над

dros

на

ar

під

dan

біля

wrth ochr

між

rhwng

місце

lle